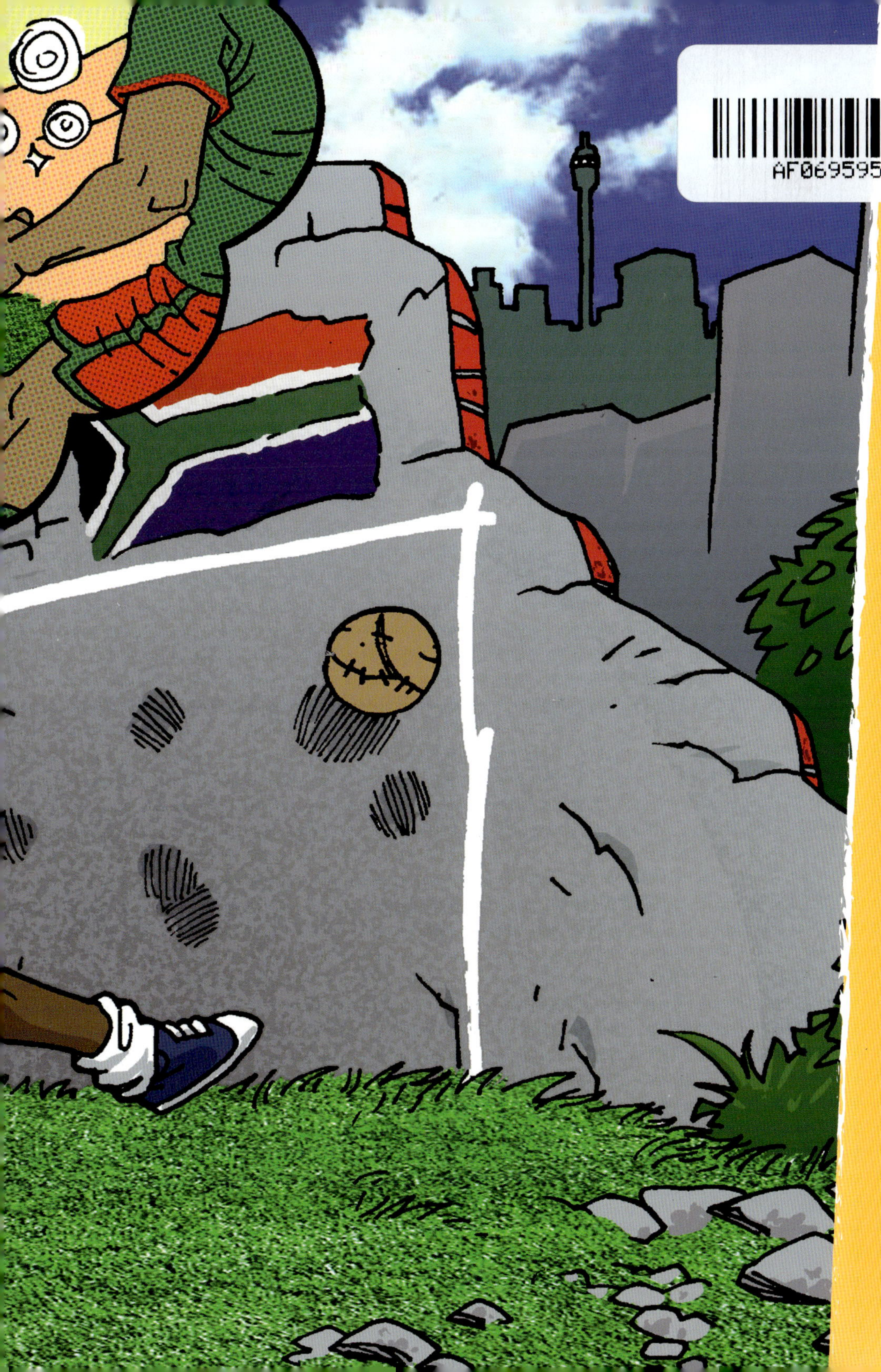

3

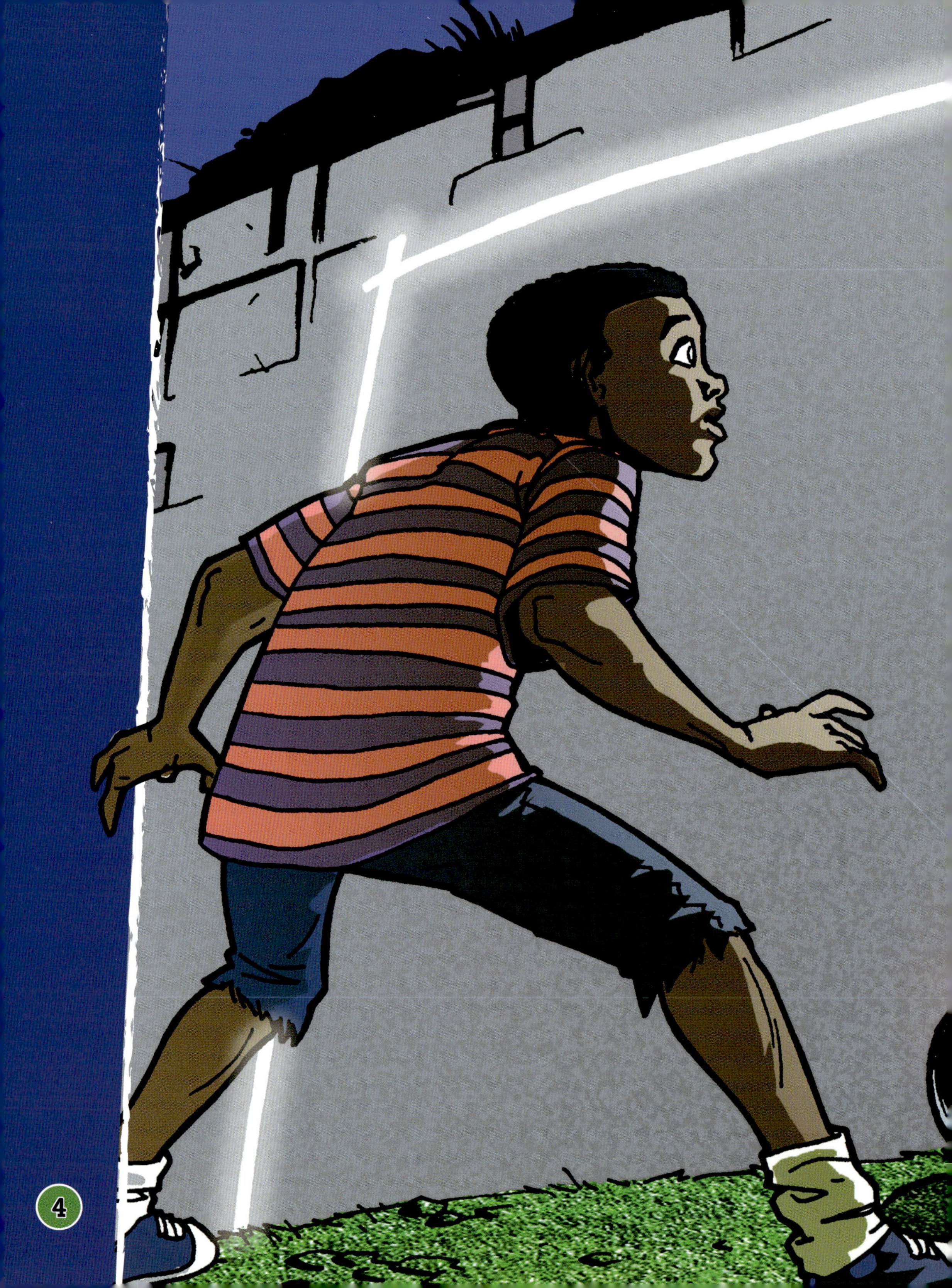

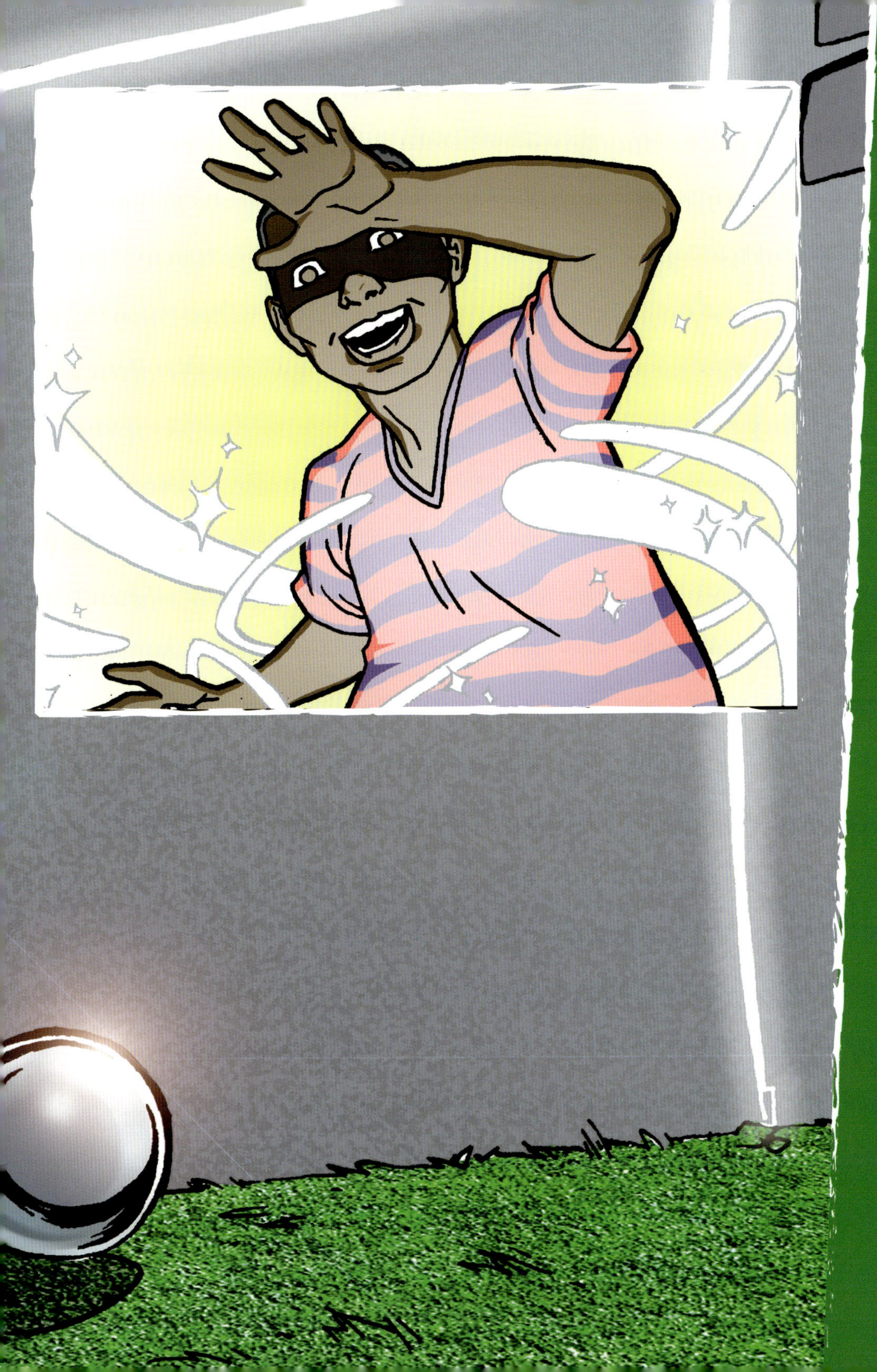

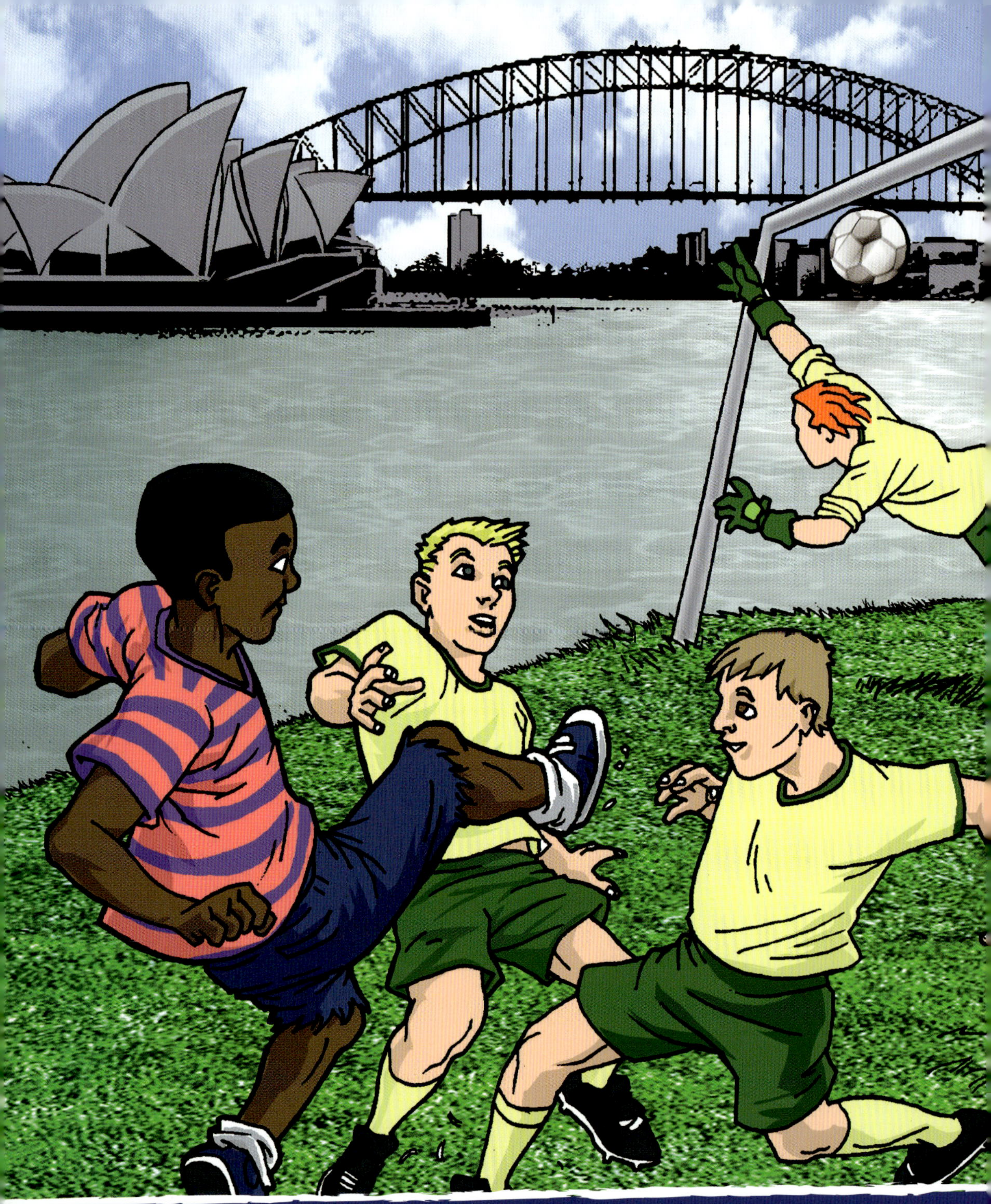

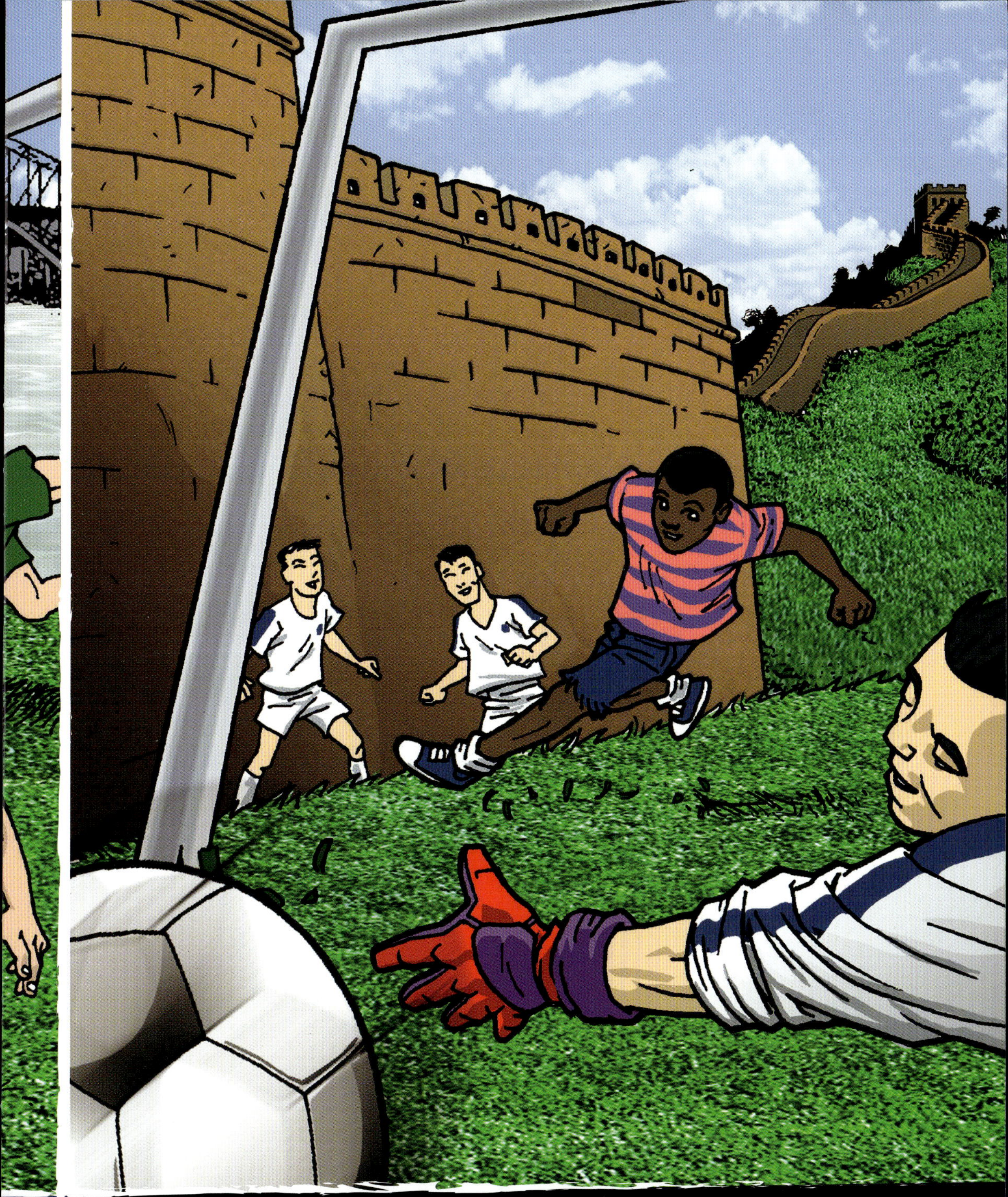

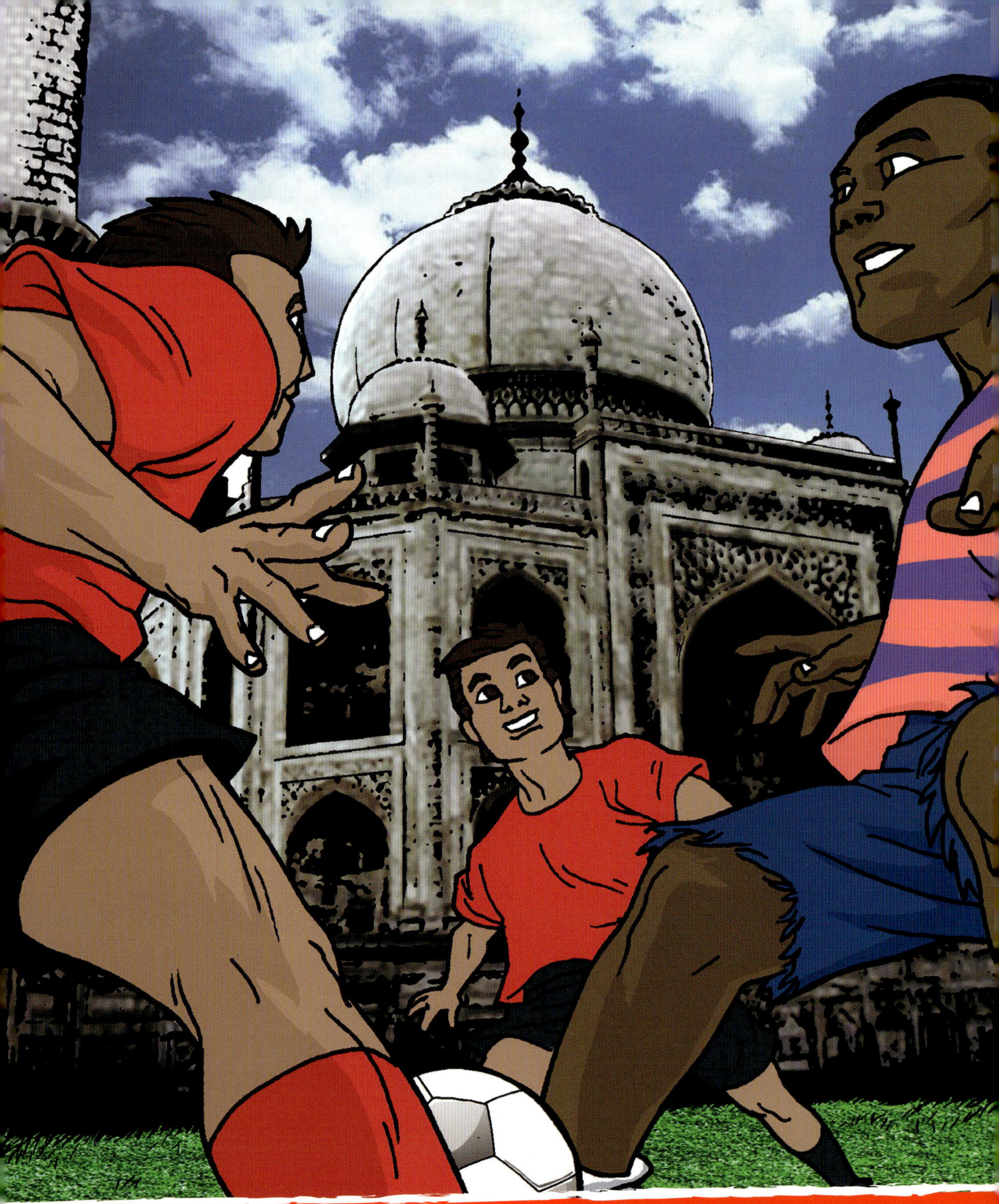

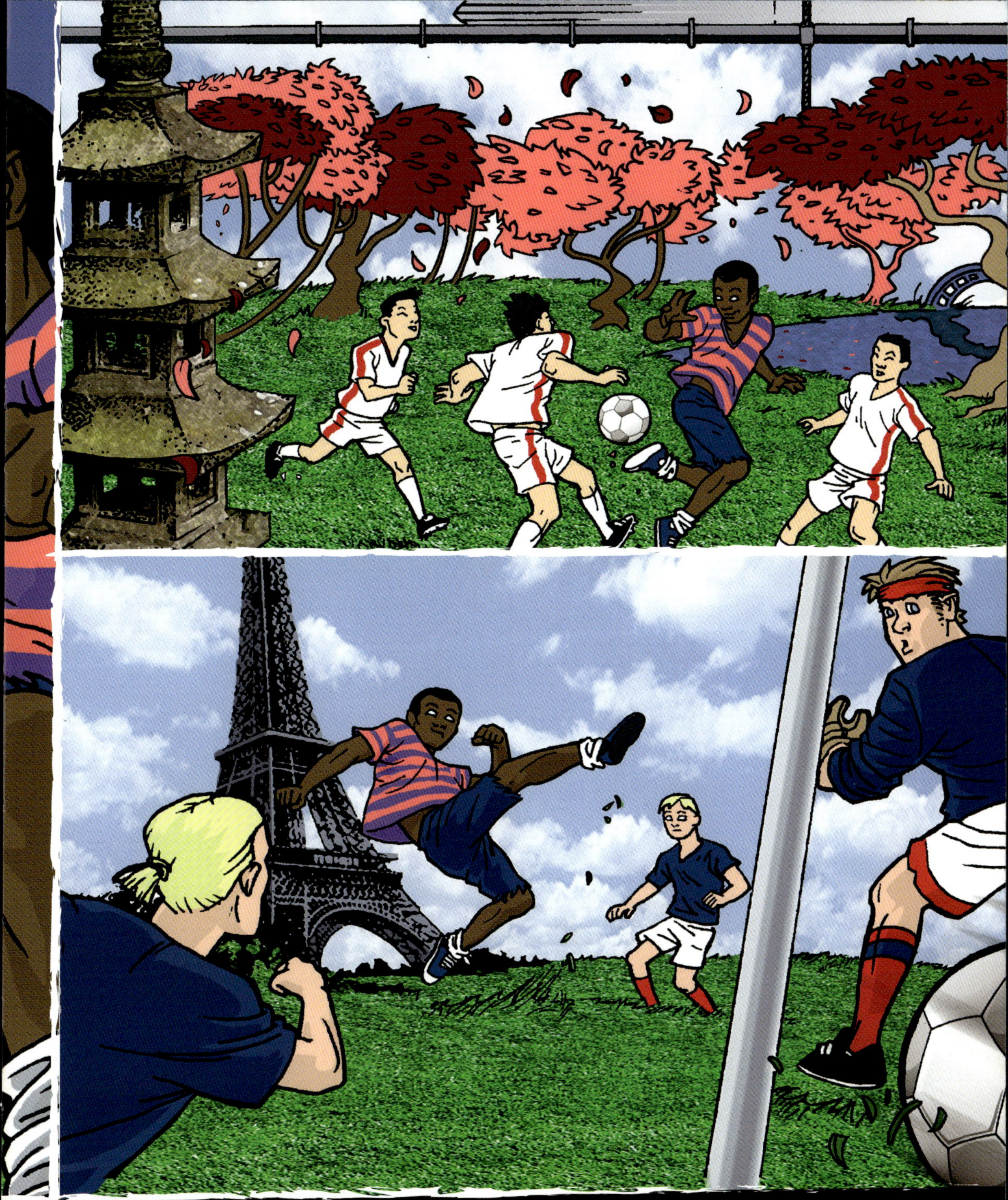

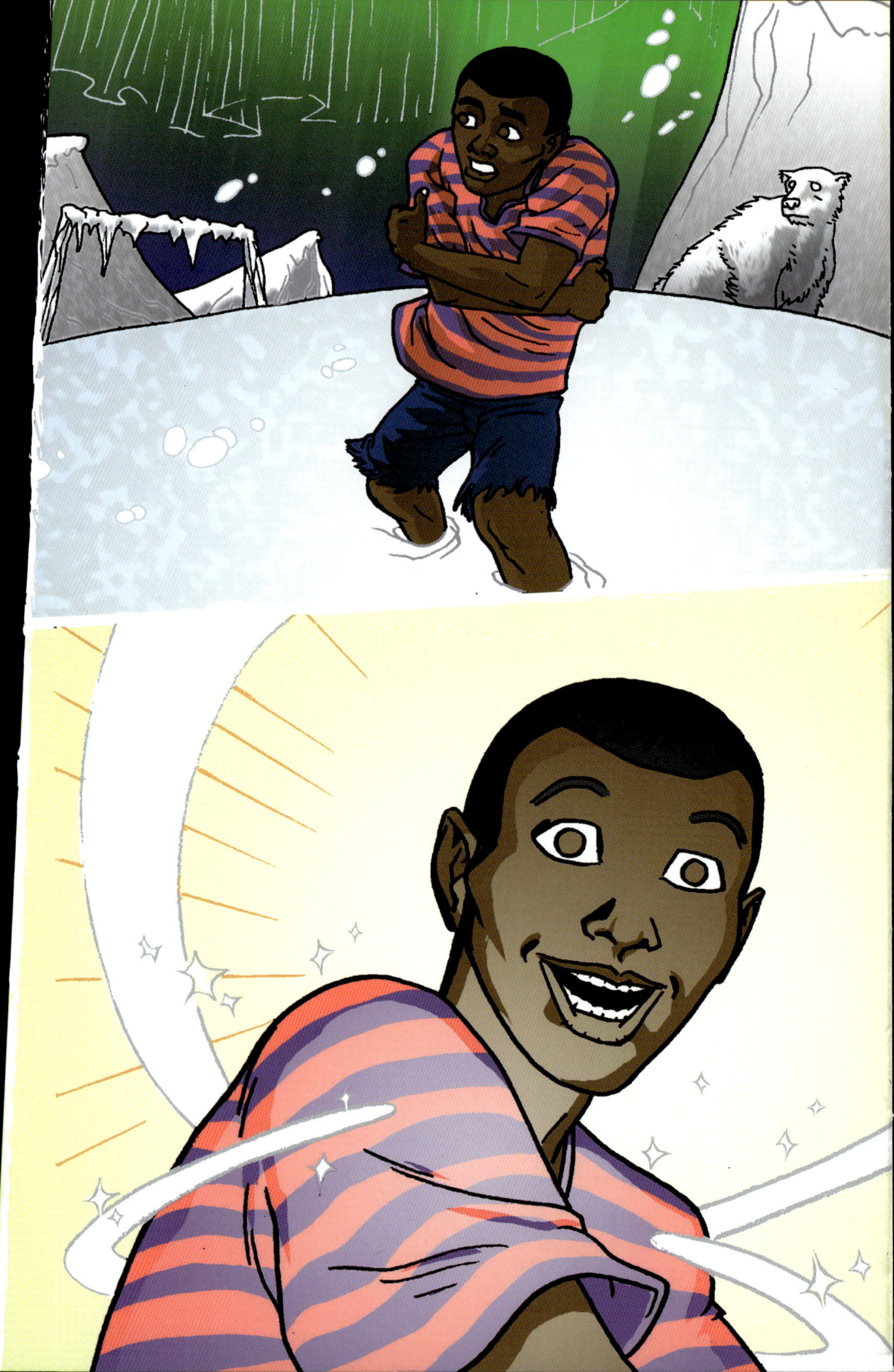